Analiza książki

Wiersze Saturna

• • • • • • • • • • • • • •

Paul Verlaine

ANALIZA KSIĄŻKI

Napisany przez Sophie Chetrit
Przetłumaczony przez Kâmil Kowalski

Wiersze Saturna

PAUL VERLAINE

PAUL VERLAINE

FRANCUSKI POETA

- **Urodzony w 1844 roku w Metz**
- **Zmarł w 1896 roku w Paryżu**
- **Niektóre z jego prac:**
  - *Fêtes galantes* (1869), zbiór wierszy
  - *Romances sans paroles* (1874), zbiór wierszy
  - *Les poètes maudits* (1884), esej

Urodzony w 1844 roku Paul Verlaine był poetą drugiej połowy XIX wieku. Urodził się w Metz w 1844 roku w rodzinie z klasy średniej i wyjechał na studia do Paryża. Studiował tam prawo, a później pracował w firmie ubezpieczeniowej i jako ekspedient w paryskim ratuszu. W 1866 roku opublikował *Poèmes Saturniens*. Trzy lata później ukazał się jego drugi zbiór *Fêtes galantes*, przywołujący XVIII-wiecznego Watteau. W 1870 roku poślubił Mathilde Mauté, młodą dziewczynę z paryskiej wyższej klasy średniej.

Po oblężeniu Paryża i powstaniu Komuny Paryskiej w 1871 roku Verlaine, który poznał Arthura Rimbauda, opuścił żonę i wyjechał za nim do Anglii, a następnie do Belgii. Podczas podróży napisał nowy zbiór, *Romances sans paroles*. Obu poetów łączył namiętny związek aż do słynnego wieczoru w lipcu 1873 r., kiedy to Verlaine zastrzelił swojego kochanka i został skazany na dwa lata więzienia, które odsiedział w

Brukseli i Mons. Następnie przeszedł na katolicyzm, a po wyjściu z więzienia w 1875 r. wrócił na jakiś czas do Anglii, gdzie został nauczycielem, by następnie wrócić do Ardenów, do Rethel, gdzie zaprzyjaźnił się z jednym ze swoich uczniów, Lucienem Létinois, który zmarł w 1883 r.

W następnym roku Verlaine wydał *Les poètes maudits*, książkę, w której uhonorowano trzech poetów: Tristana Corbière'a, Arthura Rimbauda i Stéphane'a Mallarmé. Jego sława rosła i został ogłoszony "księciem poetów", mimo że zużył się i prowadził rozpustne życie aż do śmierci z powodu zatoru płuc w 1896 roku.

WIERSZE SATURNA

PIERWSZY ZBIÓR POEZJI VERLAINE'A

- **Gatunek:** poezja

- **Wydanie referencyjne:** VERLAINE P., *Poèmes Saturniens*, Gallimard, coll. « Folio », 2010, 96 s.

- **Tematyka:** czas, miłość, melancholia, muzyka, poezja

Paul Verlaine opublikował *Poèmes saturniens w wieku* dwudziestu dwóch lat, choć mówi się, że zaczął je pisać jeszcze w szkole średniej, w wieku szesnastu lat. Najpierw myślał o nazwaniu tego zbioru *Poèmes et Sonnets*, zanim zdecydował się na znaną nam dziś nazwę, nawiązującą do rzymskiego boga oraz mrocznej i melancholijnej planety. Zredagowane na zasadzie self-publishingu i wydane w 1866 roku przez Alphonse'a Lemerre'a *Poèmes saturniens* to pierwszy zbiór wierszy Paula Verlaine'a. Dzieło to miało jednak ograniczoną recepcję, nie było wówczas uznawane za wielkie wydarzenie literackie.

W tym okresie Verlaine bywał w paryskich kręgach literackich i przyczynił się do powstania pierwszego Parnasse contemporain (1866), zbiorowego zbioru wierszy, który był manifestem i ilustracją ruchu Parnasse. Był to ruch w opozycji do wynurzeń romantycznych, które propagowały nowoczesną sztukę poetycką opartą na doskonałości formalnej i bezosobowej liryce. Jego mistrzowie, Leconte de Lisle, Baudelaire i

Théodore de Banville, wywarli silny wpływ na poezję Verlaine'a.

Niewiele wiadomo o genezie tego zbioru, ale *Wiersze sobowtórowe*, podobnie jak poprzedzające je Les *Fleurs du mal* (1857), oparte są na wyraźnej architekturze. Rozpoczynają się wierszem wprowadzającym, który wyjaśnia tytuł, a także prologiem. Następnie jest dwadzieścia pięć wierszy w czterech działach: "Melancholia", «Eaux fortes», «Paysages tristes» i «Caprices», plus kilkanaście wierszy wolnych, po których następuje Epilog zamykający zbiór. Podobnie jak wielcy poeci starożytni, Verlaine oddał swój zbiór pod opiekę boga i zadedykował mu pierwszy wiersz. Pierwszy wiersz poświęcony jest Saturnowi, bogu, który odnosi się do nieuchronności upływu czasu.

STRESZCZENIE

WIERSZ OTWIERAJĄCY

Utwór otwiera wiersz wstępny, w którym Verlaine twierdzi o szczególnym charakterze swojego projektu poetyckiego i wyjaśnia tytuł zbioru. Przeciwstawia "mędrców z dawnych lat", tradycyjnych poetów, "tym, którzy urodzili się pod znakiem Saturna" (w. 8), których później nazywa poetami przeklętymi. Poetów tych dręczy melancholia, melancholia, która przedstawia się zarówno jako cierpienie, jak i jako inspiracja.

PROLOG

Po tym wstępnym wierszu następuje prolog, w którym Verlaine podejmuje motyw obecny już u romantyków: poety współistniejącego wśród ludzi, ale umieszczonego na marginesie. Wyjaśnia, jakie miejsce w społeczeństwie uważa za swoje.

MELANCHOLIA

Dedykowana skrzypkowi i poecie Ernestowi Boutierowi część została z pewnością zainspirowana ryciną *Melancholia* Albrechta Dürera (niemiecki rysownik, malarz i rytownik, 1471-1528). Składa się z ośmiu sonetów napisanych aleksandrami: "Rezygnacja", "Nigdy więcej", "Po trzech latach", "Ślub", "Lassitude", "Mój znajomy sen", "Do kobiety" i "Udręka".

Znajdujemy tu wspomnienia utraconych lub wyidealizowanych miłości, w których centralne miejsce zajmuje żal i udręka. Ten fragment został prawdopodobnie napisany, gdy Verlaine zakochał się w swojej przybranej siostrze, która odrzuciła jego miłość.

- "Rezygnacja" przywołuje odrzucenie głupoty młodości.

- "Nevermore" odnosi się do wyidealizowanej przeszłości i nostalgii, którą wywołuje mimo czystości opisywanej miłości.

- W «Après trois ans» Verlaine opowiada o swoim powrocie na miejsce miłosnych spotkań, wykorzystując naturę do przedstawienia swoich uczuć: "Róże jak dawniej, pulsują, jak dawniej" (w. 9).

- W "Ślubie" tęskni za swoimi pierwszymi miłościami, miłościami wyimaginowanymi i wyidealizowanymi. Piąty wiersz, «Lassitude», porusza kwestię zarówno pragnienia spokojnej miłości, jak i zużycia tegoż pragnienia.

- "Mój znajomy sen" to z pewnością jeden z najbardziej znanych wierszy w zbiorze. Ujawnia marzenia Verlaine'a o idealnej kobiecie, a także liczne doznania, jakich doświadcza w kontakcie z nią.

- W «À une femme» pisze do tej idealnej kobiety, wyolbrzymiając swoje cierpienie i odwołując się do jej współczucia. Część tę kończy "Udręka", wiersz, w którym Verlaine odrzuca naturę, a także sztukę i religię, czyli tematy, które zwykle inspirują poetów.

O ile "Rezygnacja" jest sonetem odwróconym, składającym się z dwóch tercetów, po których następują dwa kwatryny, a

«Lassitude» jest sonetem nieregularnym, w którym rymy są całopostaciowe, a następnie krzyżowe w tercetach (CCDEED), o tyle pozostałe wiersze to sonety francuskie według klasycznego schematu, z wieloma bogatymi rymami.

AKWAFORTY

Dedykowana XIX-wiecznemu francuskiemu poecie, dramaturgowi i powieściopisarzowi François Coppée (1842-1908) sekcja «Eaux-fortes» ma tytuł, który z pewnością nawiązuje do procesu akwaforty z użyciem płyty bitej kwasem. Jest to pięć wierszy: «Croquis parisien», «Cauchemar», «Marine», «Effet de nuit» i «Grotesques».

W tej części Verlaine opisuje miasto graniczące pomiędzy opustoszeniem a nowoczesnością, na które nakłada senne pejzaże.

- "Paryski szkic" oferuje ponury opis Paryża.

- "Nightmare" przenosi nas w świat fantazji, w którym jeździec zostaje zmieciony przez gwałtowny ruch.

- W «Marine» poeta zapożycza motyw od romantyków, opisując ocean w czasie burzy, by przetransponować swój egzystencjalny zawrót głowy.

- «Effet de nuit» przedstawia nam następnie niepokojącą scenę nocną, której Verlaine nadaje aspekt obrazowy.

- "Groteski" to karykatura postaci z marginesu: opisuje włóczęgów i odrzucenie, jakiego doznają.

Prezentowane tu wiersze są bardzo różnorodne. Metrycznie wahają się one od kwadrylabii do aleksandrii. Pod względem formy składają się one z jednej do dziesięciu zwrotek, które same w sobie składają się zarówno z ćwierćnut, jak i kwintali, a nawet czternastu wersów w przypadku «Effet de nuit». Podobnie rymy mogą być krzyżowe (w «Croquis parisien» i «Grotesques»), następcze (w «Cauchemar» i «Effet de nuit») lub obejmujące (w «Marine»), przy czym są to zarówno wiersze parzyste, jak i nieparzyste.

 DOBRZE WIEDZIEĆ

Forma strof

Quatrain: to strofa składająca się z czterech wersów.

Kwintil: to strofa składająca się z pięciu wierszy.

Sizain: to strofa składająca się z sześciu wierszy.

Rymy

Rymy obejmowane: to rymy obramowane przez inne rymy. Przybierają one formę ABBA.

Rymy ciągłe (lub płaskie): to rymy, które układają się według wzoru AABB.

Rymy krzyżowe (lub naprzemienne): są zbudowane w układzie naprzemiennym dwa na dwa. Podążają one za wzorem ABAB.

Rymy żeńskie: rym żeński to taki, w którym ostatni fonem zawiera "kaduce e" (np. "O sweet sound of rain", Verlaine)

Rymy męskie: rym męski występuje wtedy, gdy identyczne dźwięki znajdują się na końcu dwóch lub więcej wersów zakończonych pełną sylabą.

Rymy bogate: to rymy z trzema homofoniami między samo-głoskami tonicznymi i spółgłoskami.

Rymy ubogie: charakteryzują się rymowaniem jednego fonemu, końcowej samogłoski tonicznej wyrazów.

Rymy dostateczne: odpowiadają powtórzeniu dwóch iden-tycznych dźwięków (na przykład: koń/lojalny).

Robaki

Wiersz parzysty: ma parzystą liczbę sylab.

Wiersz nieparzysty: ma nieparzystą liczbę sylab.

SMUTNE PEJZAŻE

Termin "smutne pejzaże" odnosi się do stylu malarskiego, obecnego zwłaszcza w pracach Jean-Baptiste Corot (francu-ski malarz i rytownik). Ten odcinek poświęcony jest Catulle Mendes, założycielce współczesnego Parnassusa. Składa się z siedmiu wierszy: "Zachody słońca", "Mistyczny zmierzch wieczorny", "Spacer sentymentalny", "Noc klasycznej Walpurgii", "Pieśń jesienna", "Godzina pasterza" i "Słowik".

Verlaine rozwija własną lirykę, opisując jesienne krajobrazy, przywodzące na myśl smutek mrocznej i nawiedzonej duszy. W pierwszych dwóch wierszach poeta opisuje spektakl zachodzących słońc zapraszających do zadumy, melancholii i udręki. Następnie «Promenade sentimentale» to żałobny spacer po wodnym krajobrazie, w którym Verlaine opłakuje brak ukochanej osoby. «La nuit du Walpurgis classique» zwiastuje fêtes galantes; «Chanson d'automne» pozwala poecie przywołać miłosne impulsy, a także podzielić się emocjami poprzez opis krajobrazu. «L'heure du berger» (Godzina pasterza) ponownie przywołuje nadejście nocy, a «le Rossignol» (Słowik), symbol pieśni miłości, pozwala mu przywołać miłość skazaną na zniknięcie i wynikające z niej cierpienie. Znajdujemy tu zatem jedność tonu i ustawienia.

Część ta pozostaje jednak zróżnicowana pod względem metrum i rymu. Podobnie zróżnicowane są formy poetyckie: cztery wiersze ("Zachody słońca", "Mistyczny zmierzch wieczoru", "Spacer sentymentalny", "Słowik") składają się z jednej strofy, "bloku" o długości od trzynastu do dwudziestu wersów, natomiast "Klasyczna noc Walpurgii" ma architekturę jedenastu kwatrainów, "Pieśń jesienna" czterech sizanów, a "Godzina brzegu" trzech kwatrainów.

KAPRYSY

"Kaprysy" nawiązują do XVIII-wiecznych rycin, zwłaszcza autorstwa hiszpańskiego malarza i rytownika Francisco Goi. Ten dział poświęcony jest poecie Henry'emu Winterowi, który współpracował przy pierwszym zbiorze współczesnego Parnasu. Składa się z pięciu wierszy: «Femme et chatte», «Jésuitisme», «La chanson des ingénues», «Une grande dame» i «Monsieur Prudhomme».

Związek miłosny i kobiety zajmują tu centralne miejsce. Jest "cipa" («Femme et chatte»), «ingénue» («La chanson des ingénues»), "dama", "królowa" i "kurtyzana" («Une grande dame», w. 8), "kochanka" («Sérénade», w. 3) itd. «Femme et chatte», «Jésuitisme» i «La chanson des ingénues» podejmują Baudelairowski temat dwulicowości kobiet; Verlaine piętnuje kobiecą perwersję i okrucieństwo oraz smutek, jaki powodują. W «Une grande dame» przywołuje zimną i niedostępną kobietę, którą tak samo podziwia, jak i gardzi. Zrozumiała jest więc dwuznaczność relacji Verlaine'a z kobietami, która jest złożona i zróżnicowana. Część kończy «Monsieur Prudhomme», satyryczny wiersz, w którym Verlaine portretuje głęboko materialistycznego mieszczanina, którego przeciwstawia poetom, zajmującym się sztuką i literaturą, ale skazanym na życie na marginesie społeczeństwa.

Wiersze te znajdują swoją jedność w aspekcie satyrycznym, choć proponowane formy poetyckie są rozbieżne. 'Kobieta i cipka' to nieregularny sonet o ośmiosylabowym układzie; 'Jezuityzm' – wiersz w szesnastu wersach; 'Pieśń o ingresie' – wiersz w ośmiu kwatrach; 'Wielka dama' i 'Monsieur Prudhomme' – sonety regularne.

INNE WIERSZE

Pisane głównie aleksandrami dwanaście kolejnych wierszy podejmuje główne tematy zbioru: melancholię, czas i zranioną miłość. Są to "Initium", "Cavitri", "Sub Urbe", "Serenada", "Un dahlia", "Nevermore", "Il Bacio", «Dans les bois», «Nocturne parisien», "Marco", "César Borgia", «La mort de Philippe II».

EPILOG

W ostatniej części znajdują się trzy wiersze; jest to Epilog. Chodzi o sztukę poetycką, inspirację, emocje i pracę. Verlaine wraca do kwestii formalnych, a także do estetyki parnasistowskiej.

OŚWIECENIE

W połowie XIX wieku, kiedy Verlaine zaczął pisać, dwa ruchy dzieliły przestrzeń poetyckiej ekspresji: parnasizm i romantyzm. Podobnie jak Baudelaire przed nim, Verlaine zaproponował własną syntezę tych wpływów.

O WPŁYWACH PARNASU...

Kiedy Verlaine pisał *Poèmes saturniens, bywał* u autorów parnasistowskich, prozaicznych poetów, którzy przeciwstawiali się romantycznym wynurzeniom i proponowali nowoczesną sztukę poetycką. Cenili "sztukę dla sztuki" (Théophile Gautier), której jedynym celem było piękno. Odrzuca więc całą subiektywną i sentymentalną lirykę romantyzmu oraz wszelkie zaangażowanie społeczne czy polityczne.

Uważany za przywódcę ruchu parnasistowskiego Leconte de Lisle był nauczycielem młodych poetów tej szkoły. Napisał *Poèmes antiques* (1852), Poèmes *barbares (*1862) i *Poèmes tragiques* (1884), dzieła, które pozwoliły mu wejść do Académie française w 1887 roku. Wyznaczył następujące zasady poetyckie:

- Poezja powinna być bezosobowa i powściągliwa

- Poezja powinna skupić się na pracy nad formą

- Poezja musi dążyć do piękna, dla którego starożytność dostarcza absolutnych kanonów

Chce więc odejść od tematu osobistego i powrócić do czystych źródeł starożytności, czasów, gdy poeta był robotnikiem wykuwającym słowa. Jako poeta pesymistyczny widzi w poezji schronienie przed odczarowaniem świata.

Jednocześnie zwraca uwagę wpływ Theodora de Bandeville. Francuski poeta, dramaturg i krytyk literacki, znany jest z *Odes funambulesques* i *Les Exilés* (1867). Przyjaciel Victora Hugo i Théophile'a Gautiera, był też jednym z prekursorów Parnasse'a, wyznając wyłączną miłość do piękna i uniwersalną jasność aktu poetyckiego. Był zarówno wrogiem nowej poezji realistycznej, jak i wrogiem romantycznych dryfów.

W swoich *Wyznaniach* Verlaine stwierdza, że *Poèmes saturniens* napisał w wieku szesnastu lat, będąc jeszcze w szkole średniej, w czasie, gdy był pod wpływem Leconte'a de Lisle'a i jego zwolenników. Poezja Verlaine'a jest więc misterna, stara się osiągnąć doskonałość i rygor w formie oraz w wyrażaniu myśli i uczuć. Unika wylewności, cyzeluje swój wiersz i w ten sposób realizuje parnasowskie przykazania. Przykazania te wykorzystuje również jako źródło inspiracji dla swojego pisarstwa. Na przykład wiersz "Rezygnacja" jest inspirowany charakterystycznym dla Banville'a upodobaniem do Orientu, ale także rzadkimi rymami, które są charakterystyczne dla tego ruchu.

...DO TEGO Z ROMANTYKÓW

Zrodzony w Niemczech pod koniec XVIII wieku, romantyzm pojawił się we Francji na początku XIX wieku. Był to drugi ruch kulturowy, który pojawił się w momencie publikacji wierszy przez Verlaine'a. To ruch kulturalno-literacki, który dotykał wszystkich sztuk, przeciwstawiając się tradycji klasycznej i racjonalizmowi oświecenia. Sprzyjał on osobistej ekspresji i dawał artyście możliwość eksploracji wszystkich możliwości sztuki w celu wyrażenia swoich uczuć.

Wielkie tematy romantyzmu to melancholia i cierpienie, natura, marzenia, historia i zaangażowanie polityczne. Te główne wątki romantyczne można odnaleźć u Verlaine'a. Przede wszystkim w zbiorze obecna jest melancholia, na co wskazuje tytuł pierwszego działu "Melancholia". Pojawia się również motyw miłości. "Mój znajomy sen", sonet napisany aleksandrami i składający się z dwóch kwartałów i dwóch tercetów o rymach całowanych, traktuje na przykład o niemożliwej miłości do kobiety przy jednoczesnym poszukiwaniu formy muzyczności. Poeta oscyluje między szczęściem tej miłości a cierpieniem, jakie ona wywołuje, gdyż nie można jej osiągnąć. Wiersz ma zatem romantyczną istotę.

Ponadto należy zauważyć, że Verlaine wyraźnie czerpie inspirację z wielkich autorów romantycznych, takich jak François-René de Chateaubriand, Gérard de Nerval czy Alfred Musset. W « Mon rêve familier » inspiruje go na przykład postać Sylfidy, którą Chateaubriand wykorzystuje w swoich *Mémoires d'outre-tombe* i w *René*. W « Monsieur Prudhomme » intertekstualność jest ponownie widoczna, szczególnie poprzez obraz « charmille », obraz używany zarówno w przysłowiach Musseta, jak i w pismach Nervala, gdy mówi o miłości.

Jednak to teksty Victora Hugo są głównym źródłem inspiracji. W « Ballade des ingénues » pojawia się na przykład nawiązanie do postaci Caussade, którą portretuje w sztuce *Marion Delorme*. Słynny libertyn, ugania się za pomysłowymi kobietami i tęskni za nimi. Oprócz tych nawiązań, z dzieł Victora Hugo powstają także całe wiersze, jak choćby «La mort de Philippe II» inspirowany zbiorem wierszy *La légende des siècles* (1859). Verlaine jawi się jako poeta zaangażowany, choć tylko w rzadkich przypadkach jest tak postrzegany. Tutaj wyobraża sobie Filipa II, syna Karola V, na łożu śmierci, żałującego, że zachęcił inkwizycję do zapewnienia sobie poparcia papieża i ustanowienia swoich rządów.

WPŁYW CHARLESA BAUDELAIRE'A

Baudelaire był romantykiem ze względu na swój temperament i podziw dla Victora Hugo, któremu zadedykował «Tableaux Parisiens». Jest Parnasistą ze względu na zasady, które wyznaje: praca, mistrzostwo, rygor. Był świadomy zarówno słabości romantyzmu, jak i granic parnasistowskiej bezkompromisowości estetycznej. To właśnie proponując trzecią drogę, wymyślił poetycką nowoczesność chronioną przed ekscesami obu ruchów. Ilustracją tej nowoczesności są *Fleurs du mal* (1857), które syntetyzują obie części, odkrywając jednocześnie nowe możliwości kreacji i ekspresji.

Baudelaire wierzy w wyobraźnię jako rozumny fakultet tworzenia; twierdzi, że wyobraźnia jest przepracowana i skonstruowana, co czyni go prekursorem symbolizmu. Pod względem formy pozostał klasyczny, użycie sonetu i aleksandrynu pozostało w tym dziele dominujące, co wywołało skandal. Wybrał poezję, w której poeta jest ofiarą spleenu, czyli stanu depresji fizycznej, moralnej i intelektualnej. To właśnie ten spleen pozwala mu odkrywać nowe przestrzenie i kwestionować swoje pisanie.

Fleurs du mal wywarły duży wpływ na poetów drugiej połowy XIX wieku, w tym na Verlaine'a. W *Poèmes saturniens* przywłaszczył sobie satyryczny styl Baudelaire'a i jego upodobanie do prowokacji, przyjmując styl bliski swojemu własnemu. Wpływ ten zaznacza się w wierszach takich jak «Femme et chatte», gdzie wykrzyknikowa apostrofa «scélérate» (w. 5) przywołuje prowokację Baudelaire'a. Podobnie w «Monsieur Prudhomme» Verlaine posługuje się rejestrem komicznym, satyryzując materialistyczne mieszczaństwo: "Jest burmistrzem i człowiekiem rodzinnym" (w. 1).

Ponadto w «Nocturne parisien» widoczna jest własna tematyka miejska Baudelaire'a. Verlaine podejmuje również temat spleenu, szczególnie w wierszu "Udręka", gdzie negacja jest bardzo obecna. Jego pisarstwo jest jednak bardzo osobiste, intymne i zabarwione samotnością. Przywołane wspomnienia są mgliste, co nadaje im uniwersalny wymiar.

KLUCZOWE ZAGADNIENIA

FORMA POETYCKA: INWERSJA KLASYCZNEGO SONETU I WIERSZE NIEPARZYSTE

W twórczości Verlaine'a obecnych jest wiele sonetów. Z trzydziestu dziewięciu *Poèmes saturniens* jedenaście to sonety. W części «Melancholia» jest ich osiem, a w części «Caprice» trzy. Sonety te obramowane są ciągiem wierszy lub sekcji bez sonetów. Mamy więc do czynienia ze stroficzną przemiennością.

Sonet to forma poetycka, spopularyzowana w XVI wieku przez poetów z Pléiade. Wróciła do mody w XIX wieku za sprawą Théophile'a Gautiera, Parnasistów i Charlesa Baudelaire'a. Napisany najpierw w dekasylabach, a potem w aleksandrach, ma stałą organizację stroficzną: składa się z czternastu wersów, dwóch kwatrów, po których następują dwa tercety. Sens musi być kompletny po każdym quatrain i każdym tercet. Podobnie schemat rymów podlega pewnym ograniczeniom. Do XVI wieku dominowała praktyka, że rymy były objęte w kwatrach i identyczne w obu strofach (ABBA/ABBA). Dla tercetów sonet włoski proponuje następujący schemat: CCD EED.

W swoim *Petit traité sur le Sonnet*, Théodore de Banville opisuje formę francuskiego sonetu. Określa, że pierwsze i czwarte wersy quatrainów muszą się ze sobą rymować, podobnie jak drugie i trzecie wersy quatrainów. Stwierdza też, że pierwszy i drugi wers pierwszego tercetu rymują się, gdy trzeci wers pierwszego tercetu rymuje się z drugim wersem drugiego tercetu. Mamy więc wzór w ABBA ABBA CCD EDE. Oprócz kwestii strof i rymów, sonet musi respektować pewne modalności konstrukcyjne.

Sonet podzielony jest na dwa bloki, które mogą pokazywać porównanie, opozycję, progresję lub dwa odrębne tematy połączone ze sobą. Ich zwieńczeniem jest puenta, a ostatnią linijką – zwięzła i błyskotliwie sformułowana konkluzja. Sonet musi też, według Boileau, odrzucić najmniejsze odstępstwa od tematu, słabe wersy, zbędne wyrażenia i powtórzenia. Wiersze muszą być precyzyjne i dokładne, z bogatymi rymami na przemian męskimi i żeńskimi.

W przeciwieństwie do tych sonetów o skończonym pięknie, Verlaine przeciwstawia się pragnieniu poetyckiej nowoczesności i proponuje sonety nieregularne. Niektóre sonety Verlaine'a nie trzymają się schematów rozkładu strof, metrum i rymów, zaznaczając tym samym stopniowe odchodzenie od narzuconych reguł.

- Istnieją sonety odwrócone, jak np. wiersz "Rezygnacja", w którym odwrócone są tercety i kwatryny. Ta inwersja pozwala mu przeciwstawić dzieciństwo i zadumę poprzez przywołanie wyśnionego i wymarzonego Orientu, współczesności, w której poeta musi wykazać się większym umiarem.

- Zamiast wierszy o numerach parzystych, takich jak dekasylaby czy aleksandryny, Verlaine stosuje również wiersze o numerach nieparzystych. Dzieje się tak zwłaszcza w «Cauchemar», gdzie używa heptasylab, oraz w «Marine» i

«Soleils couchants», gdzie używa pentasylab. Jest to wyraźne zerwanie z prozodią klasyczną i panowaniem aleksandrynu. Wersy nieparzyste są mniej regularne, przełamują automatyzm czytania i tym samym pozwalają czytelnikowi na bardziej osobistą kadencję.

- Verlaine uwalnia się od zasady naprzemiennego stosowania rymów męskich i żeńskich. Wykorzystuje asonans jako dyskretną muzyczność i dodaje rymy wewnętrzne, dzięki czemu dźwięk zajmuje centralne miejsce.

- Choć Verlaine ma poczucie doskonałości formalnej i proponuje linearną i symboliczną formę poetycką, to jednak jest ona bliska prozie, a teksty stworzone do publicznej recytacji w sposób ekspresyjny. Wiersz niekiedy wchłania zwroty języka mówionego i w ten sposób ujawnia wewnętrzną pieśń. Tak jest zwłaszcza w wierszu "Zachody słońca".

GŁÓWNE TEMATY KOLEKCJI

Trzy główne tematy zbioru to melancholia, czas i miłość, miłość wyidealizowana i utracona zarazem.

Melancholia u Verlaine'a

Melancholia jest głównym tematem. Przewija się ona przez całą kolekcję. Dla Verlaine'a to znacznie więcej niż uczucie. W części «Melancholia» Verlaine zdaje się podejmować temat spleenu Baudelaire'a, szczególnie w wierszu «L'Angoisse», gdzie negacja jest bardzo obecna, jakby poeta był ciągnięty w nicość. Oferuje jednak bardzo osobiste i intymne pisanie o śledzionie. Przywołane wspomnienia są mgliste, co nadaje im uniwersalny wymiar. Bardziej niż uczucie, melancholia jest również przestrzenią i czasowością.

Zakotwiczona jest w krajobrazach, które to uczucie podkreślają, zwłaszcza w wierszach "Zachody słońca" czy "Sentymentalny spacer". Nawiązuje do jesiennej pory roku poprzez wiersz «Chanson d'automne» i «Crépuscule du soir mystique». Verlaine pokazuje się jako osoba niezwykle wrażliwa na naturę, w której odbijają się echa jego osobistych uczuć. Pisze więc poezję liryczną, w której ważną rolę odgrywa muzykalność. Muzyka, obecna w całym utworze, towarzyszy melancholii, nadaje rytm powolności i rozmarzeniu. Opiera się w szczególności na skrzypcach, instrumencie smutku par excellence. W ten sposób w «Chanson d'automne» :

> *"Skrzypce*
>
> *Od jesieni*
>
> *Zranić moje serce*
>
> *Z lenistwa*
>
> *Monotonnie." (v.2-6)*

Podobnie w "Initium": "Skrzypce połączyły swój śmiech ze śpiewem fletów" (w. 1).

Saturn i figura czasu

Motyw czasu jest również obecny, zwłaszcza poprzez postać Saturna. Saturn jest jednym z najbardziej starożytnych bogów Lacjum i środkowych Włoch. Rolnicze bóstwo par excellence, było odpowiedzialne za ochronę nasion powierzonych ziemi. Miesiąc grudzień, kiedy rozpoczynała się praca kiełkowania, preludium do zbiorów, poświęcony był Saturnowi. Wyrosła wokół niego legenda miesza tradycje łacińskie i greckie, przyrównując go do postaci Kronosa, boga Hellenów i pierwotnego bóstwa czasu. Przewidywano, że Saturn zostanie zdetronizowany przez swoich synów. Aby uciec przed swoim losem, postanawia je pożreć.

Jego żona, Rhea, przerażona jego okrucieństwem, ukrywa w sobie ostatniego urodzonego, Jowisza, który wypędza go z Olimpu. Następnie Saturn opuszcza Grecję i udaje się do Włoch i osiada na prawym brzegu Tybru, gdzie zostanie zbudowany Rzym. Przyjął go Janus, król kraju, którego uczył rolnictwa. W zamian Janus podarował mu wzgórze na prawym brzegu Tybru: Kapitol. Często przedstawiany z sierpem lub kosą, Saturn nagle znika. Na jego cześć Janus wzniósł ołtarz i obchodził święto Saturnalia.

Ten bóg, który przewodniczy okresowi poprzedzającemu przesilenie zimowe, nadaje swoje imię planecie układu słonecznego, znanej z żółtego koloru i gwiaździstych pierścieni. Od czasów starożytnych słynie ze swojego negatywnego wpływu na życie człowieka. Predestynuje urodzonych pod jego znakiem do nieszczęścia, stawiając ich pod znakiem czasu i fatalizmu, do którego odnosi się mit Saturna. W ten sposób Verlaine podejmuje starożytną tradycję, pozwalającą mu skojarzyć melancholię i twórczość artystyczną.

W zbiorze odnajdujemy wątki przypominające ten mit, takie jak zdrada kobiet, niemożność ucieczki przed przeznaczeniem, znaczenie natury i tego, co oferuje ona mężczyznom. Kwestia czasu jest również bardzo obecna. Już "Prolog" ma strukturę trzyczęściową: "W tych bajecznych czasach" (w. 1), "Później" (w. 37) i "Dziś" (w. 51), jakby Verlaine podejmował podróż w czasie. Wiersz "Nevermore", który następuje po czterech częściach, również odnosi się do nieuchronności upływu czasu. Zawiera pole leksykalne starości: "stary" (w. 1, w. 5), "starzec" (w. 8), "zmarszczki" (w. 9), "pożółkły" (w. 10). Verlaine pokazuje, jak czas naznacza zarówno świat, jak i ciało. Jej siła jest taka, że nie można jej ani spowolnić, ani zapobiec, że prowadzi powoli ku przepowiedzianej zagładzie.

Trzeci główny temat zbioru: miłość

Miłość u Verlaine'a odnosi się do miłości idealnej, ale niemożliwej lub nieszczęśliwej. Często jest ona wyidealizowana i oderwana od rzeczywistości, jak w « Mon rêve familier », gdzie chodzi o "nieznaną kobietę" (w. 2), czy w « À une femme », gdzie Verlaine znów mówi o wyśnionej, wyobrażonej kobiecie. Gdy nie jest wyobrażona, miłość zostaje odsunięta do odległej przeszłości, jak w « Vœu » czy "Nevermore". Inaczej może być łączony z samotnością i nieobecnością, jak w "Promenadzie sentymentalnej", gdzie poeta jest samotny i smutny, na nowo przeżywający swój żal.

Miłość, o której mowa w tym zbiorze, to miłość do kobiet zmysłowych i niebezpiecznych, niedostępnych i przebiegłych, jak te obecne w « Femme et chatte » czy « la chanson des ingénues ». W oczach Verlaine'a kobiety są w dużej mierze odpowiedzialne za klęskę miłości i wynikającą z niej zdradę. Sprawia, że miłość do kobiety jest nieprzerwanym złem. Uogólnia uczucie i przeżycia związane z miłością odurzającą wszystkich. Czuje się winny, że ubolewa nad daremnymi miłościami i że ciągle stara się wymyślać innych na nowo. W ten sposób Verlaine zbliża się do baudelairowskiej koncepcji miłości. Transfiguruje związki miłosne w ciągłym napięciu między przyjemnością a smutkiem, ale także między rzeczywistością a wyobraźnią.

To pojęcie miłości wiąże się oczywiście z biografią autora i jego partnerkami miłosnymi. W tym czasie miłością jej życia była kuzynka Elisa, którą matka adoptowała. Odrzucając swoją miłość, wyszła za mąż za sugarmana, zanim umarła przy porodzie. Verlaine zakochał się wtedy w młodszej od niego o dziesięć lat Mathilde Mauté. Miał z nią dziecko, stracił zainteresowanie i miał wiele przygód, aż do namiętnego spotkania z Arturem Rimbaudem.

VERLAINE: POETA SYMBOLISTA

Przyczyniając się do odnowy poetyckiej ekspresji, Verlaine proponuje dzieło, które sublimuje postrzeganie wszechświata. Podobnie jak Baudelaire, który utorował drogę symbolizmowi za pomocą *Les Fleurs du mal*, Verlaine przepisuje wizje i wewnętrzne pejzaże, które reprezentują idee, z którymi są powiązane przez analogię. Pracował nad sztuką sugestii, przywołując rzeczy bez ich nazwania po prostu poprzez doznania, jakie w nim wzbudzały.

Wielkie tematy *Poèmes saturniens* odsyłają nas bezpośrednio do wielkich zasad symbolizmu. Obdarzony świętą misją Verlaine zdaje się chcieć pokazać korespondencje między światem zmysłowym a duchowym, niewidzialnym i idealnym. Swoje stany ducha przywołuje poprzez idealne pejzaże z ukrytą rzeczywistością. Stara się opisać ucieczkę czasu i zawrót głowy z powodu chwili. Odrzuca więc zarówno racjonalizm, jak i materializm, dążąc do ponownego odkrycia tajemnic świata. Opisując swoje marzenia, daje pełne pole do popisu ambiwalencji i niuansom, przedkładając ulotność nad trwałość. Posługuje się językiem symbolicznym i muzycznym, tłumacząc kruchość doznań. Opowiada się za liberalizacją wersalu.

Poèmes saturniens zapowiadają więc w pewnym stopniu powstanie ruchu symbolistycznego, którego kody wykorzysta w późniejszych dziełach, takich jak *Art poétique* (1874), zbiór *Jadis et Naguère* (1884) i *Les poètes maudits* (1888). Niemniej jednak, choć Verlaine jest czasem postrzegany jako przywódca symbolistów, nigdy nie twierdził, że nim jest, woląc podtrzymywać mit poety przeklętego, cierpiącego i umierającego z powodu fizycznej i społecznej porażki.

DROGI DO REFLEKSJI

KILKA PYTAŃ DO DALSZEJ REFLEKSJI...

- W świetle prologu, jakie jest miejsce poety według Verlaine'a?

- W jakim sensie możemy powiedzieć, że *Poèmes saturniens* są pod wpływem parnasizmu?

- Czy zatrucie ołowiem to tylko melancholia?

- Porównaj spleen Baudelaire'a z melancholią Verlaine'a.

- Jakie wrażenie wywołuje inwersja quatrainu i tercetu w wierszu "Rezygnacja"?

- W jaki sposób zastosowanie wierszy o numerach nieparzystych zapewnia muzykalność?

- Przeanalizuj znaczenie efektów dźwiękowych: w jaki sposób przyczyniają się one do wzrostu znaczenia wierszy?

- Na czym polega związek Verlaine'a z literaturą i sztuką?

ABY PÓJŚĆ DALEJ

WYDANIE REFERENCYJNE

VERLAINE P., *Poèmes Saturniens*, Gallimard, coll. « Folio », 2018.

BADANIA PORÓWNAWCZE

AGUETTANT L., *Verlaine, Les introuvables*, 1978, 240 s.

BERNARDET B. (red.), *Verlaine, première manière. Poèmes saturniens, Fêtes galantes, Romances sans paroles (1866-1874)*, PUF, coll. « Cned-PUF », 2007.

BORNECQUE J-H., *Les poèmes saturniens de Verlaine*, Nizet, 1967, 255 s.

DUBOIS C., *Étude sur Paul Verlaine: Poèmes saturniens*, Paris, Ellipses, 1998, 96 s.

GUYAUX A. (reż.), *Les premiers recueils de Verlaine. Poèmes saturniens, Fêtes galantes, Romances sans paroles*, Paris, PUPS, 2008, 217 s.

MURPHY S., *Lectures de Verlaine : poèmes saturniens, fêtes galantes, romances sans paroles*, Presses universitaires de Rennes, 2007, 314 s.

GŁÓWNE ADAPTACJE MUZYCZNE

ABBIATE L., Chanson d'automne, *Pièces pour chant et piano n° 2*, Paris, 1899.

AMIET P., Nevermore, *Cztery melodie na pieśń i fortepian*, Paryż, 1926.

ANDRÉ J., Chanson d'automne, *Mélodies et chansons n° 2*, Paris, 1928.

ARHAM M., Chanson d'automne, *Douze mélodies, 3e série n° 5*, Paris, 1914.

BELLIARD M., Chanson d'automne, *Quatre mélodies n° 2*, Paris, 1920.

BERNAERT A., Chanson d'automne, *op. 1 n° 1, 3 Mélodies n° 1*, Liège, 1920.

BONNAUD F-L, *Paysages tristes*, Paris, 1897.

BONNEAU P., Nevermore, *SEMI*, Paris, 1955

BORDES C., *Paysages tristes, n° 2*, Paris, 1902.

BRITTEN B., Chanson d'automne, *Quatre chansons françaises nr 4*, Londyn, 1982.

CARPENTER J-A., *Cztery wiersze Paula Verlaine'a, nr 2*, New York, 1912.

CHARPENTIER G., Chanson d'automne, *Poèmes chantés, n° 14*, Paris, 1894.

DELIUS F., Jesienna pieśń, *Fünf Gesänge, nr 5*, Köln am Rhein, 1915.

De FAY R., Chanson d'automne, *Mélodie n° 2*, Paris, 1902.

FERRE L., Mon rêve familier, Soleils couchants i Chanson d'automne, 1970.

FRAGGI H., Chanson d'automne, *Poèmes en musique, n° 2*, Marseille, 1920.

LIMA FRAGOSO A., *Cinq mélodies de Paul Verlaine*, n° 3, Paris 1917.

FRONTIN G-L., Chanson d'automne, *Sous les chênes verts*, n° 7, Paris, 1912.

HAHN R., Chanson d'automne, *Chansons grises, n° 1*, Paris, 1893.

DE HARTMANN, *Paysages tristes, nr 5*, Paryż, 1941.

JOSTEN W., *Trois mélodies de Paul Verlaine, nr 2,* Paris, 1931.

KOVALEV P I., *Sześć pieśni na temat wierszy Paula Verlaine'a, nr 3,* Moskwa, 1925.

PANIZZAH, *Dziewięć wierszy Paula Verlaine'a, nr 1*, Mediolan, 1899.

PASSANI E-B, *Trois poèmes de Verlaine, n°1*, Paris, 1952.

Chcemy usłyszeć od Ciebie, co się dzieje!
Zostaw komentarz na temat swojej internetowej biblioteki
i podziel się swoimi ulubionymi książkami w mediach społecznościowych!

Wydawca zapewnia o wiarygodności publikowanych informacji, co jednak nie może wiązać się z jego odpowiedzialnością.

www.50minutes.com

Master ISBN: 9782808693806
Papierowy ISBN: 9782808615204
Depozyt prawny: D/2023/12603/1800

Verhaal: © Primento

Projekt cyfrowy: Primento, cyfrowy partner wydawców.